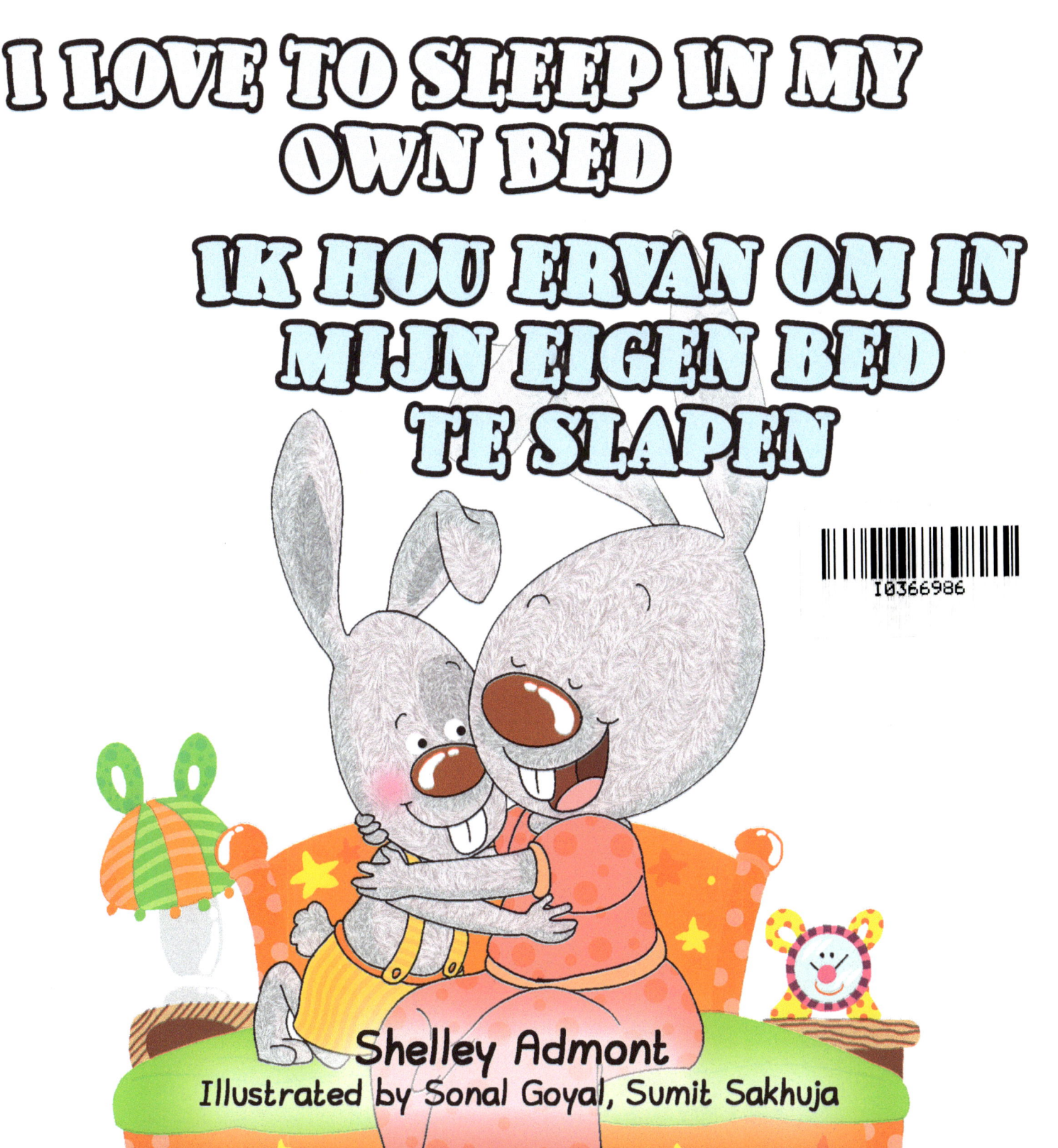

www.kidkiddos.com
Copyright©2013 by S. A. Publishing ©2017 by KidKiddos Books Ltd.
support@kidkiddos.com

All rights reserved. No part of this book may be reproduced in any form or by any electronic or mechanical means, including information storage and retrieval systems, without written permission from the publisher or author, except in the case of a reviewer, who may quote brief passages embodied in critical articles or in a review.
Second edition

Translated from English by Noa Nonk
Vertaald vanuit Engels door Noa Nonk

Library and Archives Canada Cataloguing in Publication
I Love to Sleep in My Own Bed (Dutch Bilingual Edition)/ Shelley Admont
ISBN: 978-1-5259-1698-4 paperback
ISBN: 978-1-77268-545-9 hardcover
ISBN: 978-1-77268-051-5 eBook

Please note that the Dutch and English versions of the story have been written to be as close as possible. However, in some cases they differ in order to accommodate nuances and fluidity of each language.

For those I love the most–S.A.

Voor degenen die ik het meeste liefheb – S.A.

Jimmy, a little bunny, lived with his family in the forest. He lived in a beautiful house with his mom, dad, and two older brothers.

Jimmy, een klein konijntje, woonde met zijn familie in het bos. Hij woonde in een mooi huis met zijn mama, papa en zijn twee oudere broers.

Jimmy didn't like to sleep in his own bed. One night, he brushed his teeth and before going to bed, he asked his mom, "Mom, can I sleep in your bed with you? I really don't like sleeping in my bed alone."

Jimmy vond het niet leuk om in zijn eigen bed te slapen. Op een avond poetste hij zijn tanden en voordat hij naar bed ging, vroeg hij aan zijn mama, "Mam, kan ik in jouw bed slapen samen met jou? Ik vind het echt niet leuk om in mijn eigen bed alleen te slapen."

"Sweetie," said Mom, "everyone has his own bed, and your bed suits you just right."

"Schatje," zei mama, "iedereen heeft zijn eigen bed en jouw bed past bij jou."

"But, Mom, I don't like my bed at all," answered Jimmy. "I want to sleep in your bed."

"Maar, mam, ik vind mijn bed helemaal niet leuk," antwoordde Jimmy. "Ik wil in jouw bed slapen."

"Let's do this," said Mom, "you get into your bed, and I'll hug you, tuck you in, and read you and your brothers a story."

"Laten we het zo doen," zei mama, "jij kruipt in je bed en ik zal je knuffelen, je instoppen en ik lees een verhaaltje voor aan jou en je broers."

Mom hugged Jimmy and read a bedtime story to her three children. During the story, the children fell asleep.

Mama knuffelde met Jimmy en las een verhaaltje voor aan haar drie kinderen. Tijdens het verhaal vielen de kinderen in slaap.

Mom gave all of them a goodnight kiss and went to sleep in her bed in her room.

Mama gaf ze allemaal een kus en ging slapen in haar bed in haar kamer.

In the middle of the night, Jimmy woke up. He sat up in bed, looked around, and saw that Mom wasn't next to him.

Midden inde nacht werd Jimmy wakker. Hij zat rechtop in zijn bed, keek om zich heen en zag dat mama niet naast hem zat.

Then, he got out of bed, took his pillow and blanket, and sneaked quietly into Mom and Dad's room. Jimmy got into their bed, hugged Mom, and fell asleep.

Hij stapte uit bed, nam zijn kussen en deken mee en sloop stil naar de 'kamer van mama en papa. Jimmy klom in hun bed, knuffelde mama en viel in slaap.

The next night, Jimmy woke up again. He took his pillow and blanket, and tried to leave the room like the night before. But just then, his middle brother woke up.

De volgende avond werd Jimmy weer wakker. Hij nam zijn kussen en deken mee en liep zijn kamer uit, net zoals de avond ervoor. Maar toen werd zijn middelste broer wakker.

"Jimmy, where are you going?" he asked.

"Jimmy, waar ga je heen?" vroeg hij.

"Ah, ahh...," Jimmy stuttered, "nowhere. Go back to sleep."

"Eh, ehh...," stotterde Jimmy, "Nergens heen. Ga weer slapen."

Jimmy quickly ran to his mom and dad's room. He sneaked into their bed and pretended to sleep.

Hij rende snel naar de kamer van papa en mama. Hij kroop in hun bed en deed net alsof hij sliep.

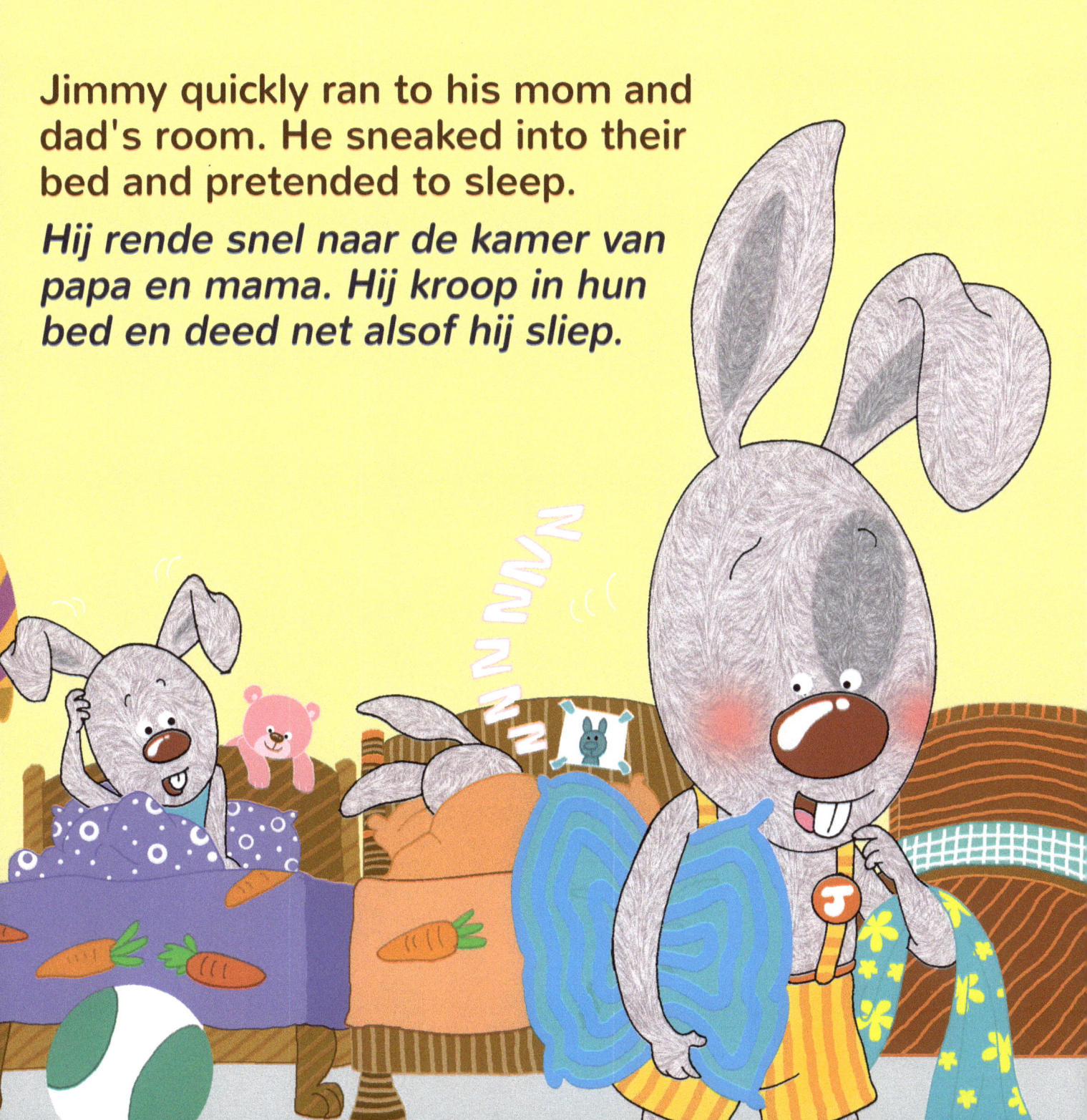

But his middle brother was wide awake. When he discovered that Jimmy was sleeping in their mom and dad's bed, he was very upset.

Maar zijn middelste broer was klaarwakker. Toen hij erachter kwam dat Jimmy bij papa en mama in bed sliep, was hij erg verdrietig.

So that's the way it is, is it? he thought. *If Jimmy is allowed, then I want to also.* With that, he got into their parents' bed as well!

Dus zo zit het, dacht hij. Als Jimmy het mag, dan wil ik het ook. Met dat idee klom ook hij in zijn ouders' bed!

Mom heard the strange noises, opened her eyes, and saw the two children in bed. She made room for them in the bed, by making do with a small corner of the bed for herself.

Mama hoorde vreemde geluiden, opende haar ogen en zag twee kinderen in bed. Ze maakte ruimte voor hen in bed, door zelf in een klein hoekje gaan liggen.

Again, they slept like that the whole night until the morning.

Weer sliepen ze zo de hele nacht door tot het ochtend werd.

On the third night, the same thing happened. Jimmy woke up, took his pillow and blanket, and went to his parents' room. His brother followed him again and got into their parents' bed together with his pillow and blanket.

De derde avond gebeurde het weer. Jimmy werd wakker, pakte zijn kussen en deken en ging naar zijn ouders kamer. Zijn broer volgde hem weer en ze klommen samen in hun ouders bed met zijn kussen en deken.

But this time, the oldest brother also woke up. *Something's not right here*, he thought to himself and followed his two younger brothers to Mom and Dad's room.

Maar deze keer werd de oudste broer ook wakker. Iets klopt hier niet, dacht hij en volgde zijn twee jongere broertjes naar mama en papa's kamer.

When the oldest brother saw his two brothers sleeping together with Mom and Dad, he was very jealous.

Toen de oudste broer zag dat zijn twee broertjes samen in bed sliepen bij papa en mama werd hij erg jaloers.

I also want to sleep in Mom and Dad's bed, he thought and quietly jumped into the bed.

Ik wil ookin mama en papas bed slapen, dacht hij en sprong zachtjes in het bed.

It was really uncomfortable. Mom and Dad didn't rest the whole night. Tossing and turning, they tried to find the most comfortable way to sleep.

Het lag helemaal niet lekker. Mama en papa hebben de hele avond niet geslapen. Woelen en draaien, ze probeerde de meest comfortabele manier om te slapen te vinden.

It wasn't easy for the little bunnies either. They turned over and over in the bed until it was almost morning.

Het was ook niet gemakkelijk voor de kleine konijntjes. Ze draaiden om en om in bed totdat het bijna ochtend was.

Then suddenly...Boom! ...Bang! ...the bed broke!
Toen opeens... Boem! ...Bang! ... het bed brak!

"What happened?" Jimmy shouted as he woke up right away.
"Wat is er gebeurd?" schreeuwde Jimmy meteen toen hij wakker werd.

"What are we going to do now?" said Mom sadly.
"Wat gaan we nu doen?" zei mama verdrietig.

"We'll have to build a new bed," Dad announced. "After breakfast, we'll go to the forest and start working."
"We zullen een nieuw bed moeten bouwen," zei papa. "Na het ontbijt gaan we naar het bos en beginnen we met werken."

After breakfast, the whole family went to the forest to build a new bed.

Na het onbijt ging de hele familie naar het bos om een nieuw bed te bouwen.

After a whole day's work, they had made a big, strong bed out of wood. The only thing left to do was decorate it.

Na een hele dag werken hadden ze een groot en sterk bed van hout gemaakt. Wat ze alleen nog moesten doen was het versieren.

"We've decided to paint our bed brown," said Mom, "and while we're painting our bed, you can repaint your beds whatever colors you like."

"We hebben besloten om ons bed bruin te verven," zei mama, "en terwijl wij ons bed verven, mogen jullie je eigen bed verven in welke kleur jullie willen."

"I want blue," said the oldest brother with excitement and ran to paint his bed blue.

"Ik wil blauw," zei de oudste broer enthousiast en rende weg om zijn bed blauw te verven.

"And I choose the color green," said the middle brother happily.

"En ik kies de kleur groen," zei de middelste broer blij.

Jimmy took the color red and the color yellow. He mixed the red with the yellow and made his favorite color...orange!

Jimmy nam de kleuren rood en geel. Hij mengde de kleuren en maakte zo zijn favoriete kleur... oranje!

He painted his bed orange and decorated it with red and yellow stars. There were big stars and middle-size stars and even very, very small stars.

Hij verfde zijn bed oranje en versierde het met rode en gele sterren. Er waren grote sterren, middelgrote steren en zelfs hele, hele kleine sterren.

After he finished, he ran to Mom and proudly shouted, "Mom, look at my beautiful bed! I love my bed so much. I want to sleep in it every night."

Toen hij klaar was, rende hij naar zijn mama en schreeuwde trots, "Mam, kijk naar mijn mooie bed! Ik hou zoveel van mij bed. Ik wil er elke avond in slapen."

Mom smiled and gave Jimmy a big hug.

Mama lachte en gaf Jimmy een dikke knuffel.

Ever since then, Jimmy has slept in his orange bed every night.

Sinds dat moment slaapt Jimmy elke avond in zijn oranje bed. Hij houdt er heel veel van om in zijn bed te slapen.

Goodnight, Jimmy!
Slaap lekker, Jimmy!

www.ingramcontent.com/pod-product-compliance
Lightning Source LLC
Chambersburg PA
CBHW061131070526
44584CB00033B/4288